La Campagne de 1704

EN ALLEMAGNE

PAR

LE CAPITAINE R. BAIGNOL

Avec deux croquis et une planche

BERGER-LEVRAULT & Cie, ÉDITEURS

PARIS | NANCY

Rue des Beaux-Arts, 5-7   Rue des Glacis, 18

1909

TACTIQUE ET STRATÉGIE D'IL Y A DEUX SIÈCLES

———

La Campagne de 1704

EN ALLEMAGNE

(Extrait de la *Revue militaire générale*)

La Campagne de 1704

EN ALLEMAGNE

PAR

Le Capitaine R. BAIGNOL

Avec deux croquis et une planche

BERGER-LEVRAULT & Cie, ÉDITEURS

PARIS	NANCY
Rue des Beaux-Arts, 5—7	Rue des Glacis, 18

1909

La Campagne de 1704

EN ALLEMAGNE [1]

INTRODUCTION

La campagne de 1704 en Allemagne est vieille de plus de deux siècles. Quel intérêt peut donc présenter le récit d'événements militaires aussi éloignés, vécus par des armées profondément dissemblables des nôtres?

Si cet intérêt était purement documentaire et historique, ce n'est pas ici que devrait être entreprise une pareille étude. Mais dans cette guerre de la succession d'Espagne qui est un des grands drames militaires de l'histoire de France, qui a fait supporter à notre pays de si longues et dures souffrances, et l'a mené à deux doigts d'une ruine complète, n'y a-t-il pas plus d'une question intéressante à éclaircir pour des militaires de toute époque, celle-ci par exemple : comment une armée en aussi bon état que l'armée française de Louis XIV, comment ce bel instrument de guerre forgé par les Condé, les Turenne et les Luxembourg a-t-il pu se montrer si inférieur pendant les premières années du dix-huitième siècle, et subir une série de désastres célèbres? Faut-il voir dans la suite de défaites qui s'appellent Hochstett, Turin, Ramillies, Oudenarde, le simple résultat de ces hasards malen-

---

(¹) Principaux ouvrages consultés :
Guerre de la Succession d'Espagne, par le général Pelet.
Marlborough Dispatches.
History of the British army de FORTESCUE.

contreux qui évidemment jouent toujours un rôle à la guerre? Ou encore le recrutement des bons généraux aurait-il été subitement tari en France pendant que le camp adverse en comptait à foison? Il serait à la vérité surprenant qu'une armée qui n'avait pas cessé de faire la guerre eût cessé de produire des chefs dignes d'elle. Seuls, les hommes de génie, qui sont des isolés, suffisent à faire pencher la balance des armes de leur côté, et les Eugène et les Marlborough ne sont pas des hommes de génie. Ne doit-on pas plutôt faire remonter la cause des revers de la France à quelque raison plus générale qui a pesé sur la conduite de toutes les opérations militaires d'alors, comme elle a pesé sur l'issue d'autres campagnes, à savoir : l'organisation vicieuse du commandement, et l'ingérence intempestive du pouvoir civil dans la direction des armées? C'est là un problème dont l'étude des événements de 1704 nous donnera bien vite la solution.

Et puis les cinquante dernières années ont amené dans l'armement, les effectifs, les moyens de communication, le mode de transport et de ravitaillement des armées, des bouleversements d'une telle importance qu'un certain nombre d'écrivains militaires ont cru pouvoir s'autoriser de l'expérience de quelques guerres récentes pour remettre en question tous les principes de la tactique, ceux qui reposent sur des vérités durables, sur le bon sens, sur la connaissance de la nature humaine. Pour réfuter leurs utopies, il n'est pas de meilleur procédé que d'étudier de près des événements déjà anciens, et d'y rechercher d'une part ce qui est et restera vrai dans la conduite des troupes et des opérations, d'autre part ce qui tient aux conditions militaires de chaque époque, aux différences d'armement et d'outillage. Peut-être arriverons-nous ainsi, après avoir bien défini les conditions de la guerre d'autrefois, à en suivre les événements comme on lit un morceau de musique dont on connaît la clef, et à constater la permanence de certains principes, l'influence décisive d'un commandement bien organisé, la toute-puissance de l'offensive et de l'économie des forces, etc.

Enfin la plupart des lecteurs de cette *Revue* prendront peut-être intérêt à jeter un coup d'œil en arrière sur une époque de notre histoire militaire dont on ne connaît en général que des dates et des noms propres, et qui est cependant, avec la dernière période du premier Empire, une des plus dramatiques de l'armée française ; ils ne voudront pas laisser perdre, même après deux siècles écoulés, l'expérience acquise au prix du sang versé par nos ancêtres sur les champs de bataille du Danube.

SITUATION MILITAIRE AU PRINTEMPS DE 1704

(*Voir croquis n° 1*)

Au début de l'année 1704, quatrième de la guerre de succession d'Espagne, la France, obligée de combattre à la fois en Italie, en Allemagne, en Espagne, en Flandre et sur son propre territoire, a mis sur pied huit armées : armées de Flandre, du Rhin, d'Allemagne, de Piémont, de Lombardie, de Savoie, d'Espagne et des Cévennes.

Les armées de Flandre, du Rhin et d'Allemagne, les seules qui nous intéressent pour l'étude actuelle, parce qu'elles agiront en réalité sur le même théâtre d'opérations, comptent :

La première : 90 bataillons et 105 escadrons (¹), non compris les garnisons des places fortes, 67 000 hommes environ sous le commandement de Villeroi.

La deuxième : 35 bataillons, 40 escadrons, sous le commandement de Tallard, et en outre un détachement de 14 bataillons et 30 escadrons sous Coigny posté sur la basse Moselle (en tout 35 000 hommes);

La troisième : environ 50 bataillons, 60 escadrons, sous Marsin ; 35 bataillons, 45 escadrons, sous l'Électeur de Bavière (²).

Chacune des huit armées est commandée par un général ou maréchal qui relève directement du Roi. Celles de Piémont, de Lombardie et de Savoie, d'une part, celles du Rhin et de Bavière, d'autre part, ont mission seulement de s'entendre pour les questions communes; mais elles en réfèrent toujours à Louis XIV qui prend seul et sans intermédiaire toutes les décisions un peu

---

(¹) Les bataillons comptent environ 500 hommes, les escadrons de 120 à 150 hommes.

(²) Les effectifs de cette dernière armée sont très inférieurs à la normale au début de la campagne parce qu'elle n'a pas reçu son contingent annuel de recrues, et aussi parce qu'une forte proportion de l'armée bavaroise, surtout l'infanterie, est disséminée dans les places fortes du pays.

importantes. Ce généralissime, fort médiocrement doué sous le rapport des aptitudes militaires, n'a même pas auprès de lui un

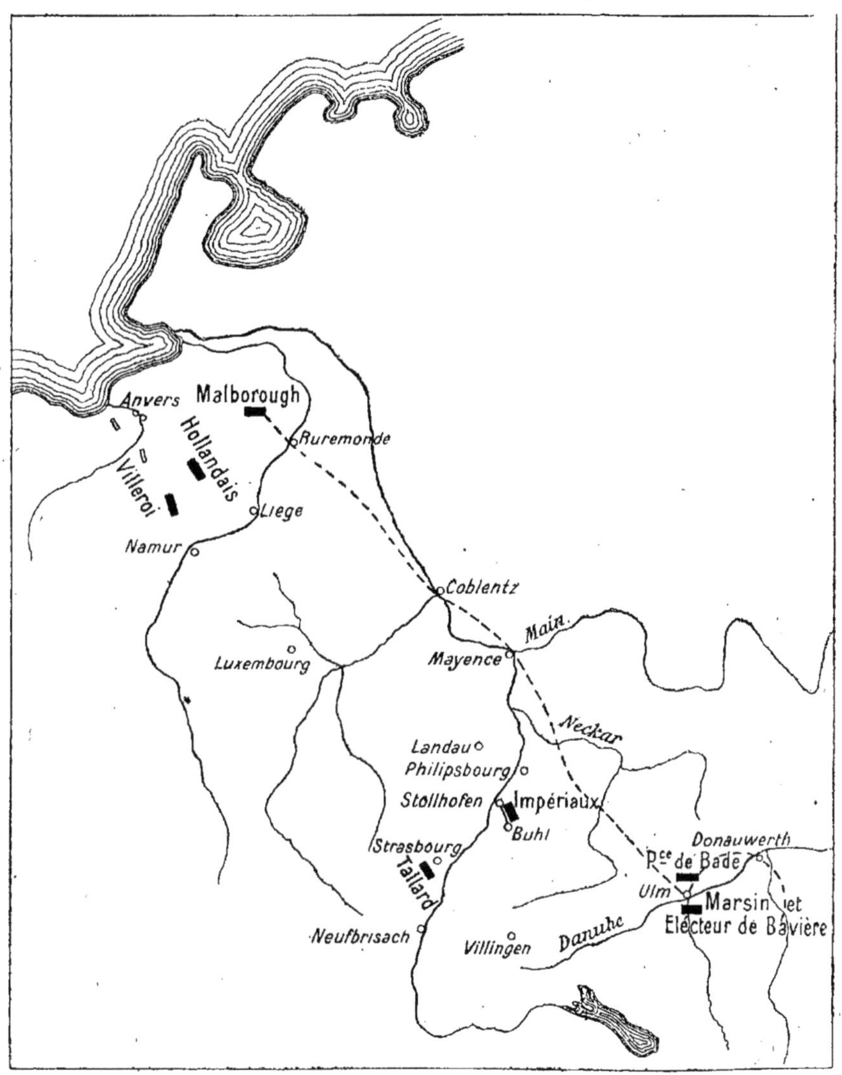

CROQUIS N° I

■ Emplacements des forces adverses au commencement de mai 1704.
— · — · — Itinéraire suivi par le corps de Marlborough.

homme du métier. La pluralité de commandement sur un même théâtre d'opérations, et l'ingérence incessante d'un roi qui n'a

malheureusement pas les qualités d'un Frédéric ou d'un Napo-
léon sont les causes principales de tous les désastres de la guerre
de succession d'Espagne. On va en retrouver à chaque instant
les déplorables conséquences dans la campagne de 1704.

Quant aux plans d'opérations, ils résultent des idées émises
par les huit commandants d'armée, plus ou moins heureusement accordées dans les bureaux du ministère de la guerre. Si
l'ennemi vient à rompre, au cours de la campagne, l'équilibre
de ses forces entre deux théâtres d'opérations, il faut demander
des instructions nouvelles à Versailles avant de rien entreprendre.

En Flandre, la guerre affecte depuis plusieurs années l'allure
de guerre de forteresses. La contrée est semée de places fortes,
dont les unes, celles des Pays-Bas espagnols, sont occupées par
les Français, les autres, celles de la Hollande, sont entre les mains
de la coalition. En outre, les Français ont couvert leur nouvelle
frontière d'une sorte de muraille de Chine sous forme de lignes
fortifiées qui courent en avant des places fortes les plus avancées
depuis les rives de la Mehaigne jusqu'aux environs d'Anvers (¹).
Tout fait prévoir qu'il ne se passera pas de ce côté d'événements
décisifs, et cependant c'est là qu'on a porté l'armée principale,
celle de Villeroi.

En revanche du côté de l'Allemagne, l'alliance de l'Électeur
de Bavière a amené la France à envoyer, en 1703, une armée sur
les bords du Danube; installée au sud du fleuve, dont elle tient
les ponts entre Ulm et Passau, elle est tenue en échec par une
armée impériale aux ordres du prince de Bade. C'est cette armée
que Villars proposait, lorsqu'il la commandait, de conduire à
Vienne pour réduire l'Empereur à merci; mais de pareilles conceptions paraissent encore beaucoup trop audacieuses à ses con-
temporains; bien qu'on se rende compte en France que seules
les forces de Bavière pourraient porter des coups sensibles à la
coalition, on se garde de subordonner la conduite de toutes les
opérations militaires à l'idée d'une offensive en Allemagne. Ainsi
les troupes de Marsin et de l'Électeur sont sans communication
directe avec le pays, toute la rive droite du Rhin étant, à l'ex-
ception de la Bavière, entre les mains des coalisés; ceux-ci oc-

____

(¹) Voir croquis n° 1.

cupent des lignes fortifiées entre Buhl et Stollhofen avec une armée de 20 000 hommes qui constitue pour l'Alsace une menace d'invasion, et tous les passages de la Forêt-Noire avec des détachements.

Aussi l'armée de Tallard est-elle maintenue sur la rive gauche du Rhin pour garder les frontières de ce côté. Comme on va le voir dans l'exposé des plans de campagne, tous les efforts ne tendent pas à améliorer une situation aussi précaire ; on compte s'en tenir à faire passer à l'armée de Bavière les renforts de toute nature dont elle a besoin, en les faisant escorter à travers la Forêt-Noire par les troupes de Tallard qui reviendront ensuite prendre leur poste de surveillance.

En résumé, d'une part, en Flandre, une forte armée française destinée à une guerre stérile de forteresse ; de l'autre, en Bavière, une armée franco-bavaroise qui a obtenu des succès l'année précédente, mais qui est sans communication avec le territoire, dont les troupes manquent de recrues, d'officiers, de fusils, d'argent, etc., enfin, en Alsace, 35 000 hommes gardant le Rhin, telle est la situation du côté français au début de 1704.

Les alliés, c'est-à-dire pour la campagne d'Allemagne les différents États de l'Europe centrale, la Hollande et l'Angleterre, entretiennent une armée en Hollande, une autre dans les lignes de Stollhofen, enfin au nord du Danube l'armée du prince de Bade ; ces trois groupements de forces sont sensiblement équivalents à ceux que la France leur oppose ; mais, tandis que le commandement fonctionne chez nous dans les conditions paradoxales qui viennent d'être dites, chez l'adversaire, au contraire, les contingents des différents alliés sont entre les mains d'une sorte de généralissime, l'Anglais Marlborough, qui est à peu près maître de ses décisions, à condition de s'entendre sur place et directement avec le prince de Bade pour les forces d'Allemagne et le prince Eugène pour les forces impériales. Il y aura donc, par la faute de Louis XIV, plus d'unité de vues et de rapidité de décision du côté des coalisés, dont les armées sont un amalgame de contingents disparates, que dans l'armée française malgré sa parfaite homogénéité. D'ailleurs Marlborough et le prince Eugène sont des hommes de guerre d'une autre envergure que les Villeroi, les Tallard et les Marsin.

PLANS DE CAMPAGNE

(Voir croquis n° 1)

La valeur et l'organisation du commandement ont naturellement une répercussion directe sur l'établissement des plans de campagne, qui influent à leur tour d'une manière généralement décisive sur l'issue de la guerre; et malheureusement, en France, les idées directrices sont d'une pauvreté déconcertante. La façon dont on traite l'armée de Bavière, destinée à une vague offensive qu'on ne précise pas, ne répond à aucune conception militaire sérieuse. Toute l'ambition du Roi se borne à lui faire envoyer les renforts dont elle a besoin. Cette opération, effectuée au commencement de mai sous la protection des troupes de Tallard, qui se portent sur Villingen, à la rencontre de Marsin, est considérée comme un tour de force. Après quoi Tallard revient sur les bords du Rhin, tandis que Marsin, talonné par le prince de Bade, ne ramène en Bavière que des recrues surmenées qui vont peupler ses hôpitaux. Il aurait fallu 20 000 hommes à l'armée de Bavière dont les bataillons étaient réduits à 300 hommes : on lui en envoie 9 000; il n'en arrive qu'une fraction.

On se demande aujourd'hui comment aucun de ceux qui avaient qualité pour décider de la conduite des opérations n'a proposé d'affecter à l'armée d'Allemagne toutes les forces disponibles sur les différents théâtres de la guerre, et de prendre ensuite l'offensive après avoir fait tomber les lignes de Stollhofen, ou établi une ligne de communication régulière à travers la Forêt-Noire.

La seule raison qu'on en découvre est que le Roi, comme les maréchaux de son choix, sont des pusillanimes qui ne veulent rien risquer ni dégarnir aucune partie de la frontière.

« L'intention de Sa Majesté, dit un mémoire du temps, est de ne rien donner au hasard. » On laissera donc toute une armée en Alsace pour faire échec aux forces de Stollhofen, comme si une offensive directe, toutes forces réunies, au cœur de l'Allemagne, n'était pas la meilleure façon de protéger la ligne de communication, et de rappeler en arrière les ennemis postés sur le

Rhin. De pareilles hérésies militaires dont on relève de nombreux exemples dans la correspondance de Louis XIV avec Tallard et Villeroi, ne sont d'ailleurs pas inhérentes à leur époque ; elles viennent de la faible valeur des chefs choisis par le Roi. Car un homme, le sous-secrétaire d'État à la guerre Chamlay, a toujours jugé sainement dans cette affaire. Dès le mois de février, il était d'avis qu'après leur jonction à l'est de la Forêt-Noire, les maréchaux Tallard et Marsin devaient rester réunis. Il écrit dans un mémoire, à la date du 8 mai : « Il ne s'agit pas de faire des conquêtes sur les bords du Rhin, mais d'imposer la paix ; il faut éviter que la guerre dure... *donc attaquer avec le plus de forces qu'on pourra, les principaux ennemis dans le cœur de leur pays.* » Il faudrait bien entendu, dans ce cas, dit-il, s'emparer de Villingen, Rottweill et Homberg (dans les défilés de la Kinzig), de façon à jalonner par des postes fortifiés la ligne de communication. *Il ne peut pas croire que, si le Roi fait demeurer M. de Tallard dans l'Empire, les ennemis feront pendant ce temps-là passer une puissante armée en Alsace.*

N'est-ce pas là l'expression de la pure doctrine de l'offensive ?

Ce qu'un homme sent si bien à Paris, mais ne peut faire accepter, celui qui est au contact de l'ennemi, le maréchal Marsin, le comprend de même. Quand il envisage les conséquences de sa jonction, malheureusement provisoire, avec Tallard, il écrit, le 26 mars : *Il ne faut pas douter que les ennemis, ne sachant qu'un petit corps de troupes sur le Rhin, n'y laisseront que le nécessaire pour garder leurs lignes et leurs places, et porteront apparemment toutes leurs forces de ce côté-ci.*

Mais le Roi n'a pas le sens de la guerre. Ses armées ne sont destinées qu'à arrondir son patrimoine lentement et sans risques. Quant à ses maréchaux, faute d'une direction supérieure, ils n'entrevoient chacun que la mission dont ils sont chargés ; ils n'ont pas de vues d'ensemble.

D'ailleurs ce ne sont pas seulement les corps de Tallard et de Marsin réunis qui devraient prendre l'offensive en Allemagne, c'est encore tout ce qui est inutile en Flandre, de l'aveu même de celui qui y commande. Avec ses 67 000 hommes, Villeroi n'entrevoit rien de possible que les sièges de Liège et Huy, et encore est-il d'avis d'attendre, avant d'y procéder, une époque plus favorable. La correspondance échangée à ce sujet entre le maréchal et le Roi trahit une indécision et une passivité déconcertantes.

Villeroi écrit au commencement du printemps : *Avant de former un jugement solide sur ce qu'on peut faire en Flandre la campagne prochaine, il faut savoir ce que les ennemis enverront de troupes sur le Haut-Rhin au secours de l'Empereur, et s'ils formeront un corps sur la Moselle, comme ils en font courir le bruit.* On commence, en effet, à répandre la nouvelle que Marlborough, au lieu de guerroyer en Flandre, a l'intention de remonter le Rhin avec une partie des forces alliées. Mais ce qui paraît possible de sa part, nul ne songe en France à l'exécuter pour notre propre compte.

Le même Villeroi écrit à Louis XIV : *Comme les ennemis ne paraissent encore déterminés à rien, nous ne pouvons faire autre chose qu'envisager les différents partis à prendre.* Toutefois, se sentant inutile en Flandre, il propose d'envoyer un détachement en Alsace, mais seulement si l'ennemi en fait autant. Il n'est pas possible à un chef de signer un plus complet aveu d'impuissance.

D'ailleurs, celui auquel il s'adresse est de taille à le comprendre ; Louis XIV lui répond le 16 mai : « Si les ennemis envoient un corps considérable en Allemagne... *je ne vois rien de bon à faire...* Mon sentiment serait, en cas que les ennemis prissent la résolution de passer le Rhin et de s'avancer du côté de l'Allemagne, que le corps de troupes qui sera détaché pour les *observer (sic)* les suive jusque vers Landau. »

Plusieurs de ses maréchaux ont une conception aussi fausse de la guerre. Les nombreuses campagnes que l'armée française a soutenues en Flandre, exercent alors sur les esprits la même influence pernicieuse que les guerres d'Algérie sur notre armée de 1870. Le maréchal Tallard, envisageant à son tour l'hypothèse d'une marche de Marlborough le long du Rhin, ne trouve qu'une mesure à proposer pour y faire échec : faire entrer l'armée de Flandre dans le pays de Cologne pour y opérer une diversion.

Ainsi, dès l'ouverture des hostilités, le plan de campagne de l'adversaire est à peu près connu ; il doit retirer de Flandre le plus de forces qu'il pourra pour les porter en Allemagne. Tou-

tefois, on suppose qu'il ne s'agit que d'une « diversion » sur la
Moselle, et l'idée ne vient pas, sauf à Marsin qui vit au contact
de l'ennemi, que Marlborough veut se porter contre l'adversaire
le plus dangereux, c'est-à-dire l'armée franco-bavaroise. Les
Français sont décidés à l'avance à subir la loi de leur adversaire.
Ils n'osent prendre l'initiative de retirer un seul homme de l'armée du Nord, dans la crainte que Marlborough en profite pour
s'emparer de quelques places... Il ne faut rien laisser au hasard !

Une campagne ainsi préparée, des chefs aussi timorés, un sou-
verain aussi ignorant de la guerre, bien plus occupé de défendre
ses frontières que d'attaquer, et se piquant cependant de conduire toutes les opérations de Versailles, voilà plus qu'il n'en
faut pour mener les armées françaises à la défaite. La triste journée qui marquera la campagne de 1704 n'est donc pas un acci-
dent. Il ne faut pas la mettre au compte des hasards de la guerre.

Du côté des ennemis, au contraire, le plan de campagne éla-
boré par Marlborough et habilement imposé à ses alliés, est d'une
simplicité et d'une justesse remarquables. Il a fait admettre par
les États généraux, malgré leur prudence bien connue, que les
Pays-Bas sauraient se défendre seuls, et que l'armée anglaise,
avec une partie des contingents hollandais, pourrait être employée plus utilement sur la Moselle. En réalité, les 35 000
hommes qu'il veut réunir à Bonn ([1]) sont destinés non pas à une
vague diversion, mais à une opération décisive contre l'armée
franco-bavaroise, après leur jonction avec les forces du prince
de Bade. Pour opérer cette réunion, il a l'intention d'exécuter
une longue marche par la rive droite du Rhin ([2]), et escompte
les hésitations de ses ennemis que ce mouvement à grande envergure va désorienter, et que leur méthode de commandement
condamne à une grande lenteur de décisions. Ils croiront d'abord
à une opération sur la basse Moselle ; puis quand Marlborough
arrivera à hauteur de Philipsbourg, ils craindront sans doute
une invasion de l'Alsace, et se maintiendront en forces en face
de lui, il sera sûr alors de pouvoir, en se dérobant vivement à
travers le Wurtemberg, joindre le prince de Bade sur le Danube,

---

([1]) 45 bataillons et 80 escadrons.

([2]) Elle dure du 5 mai au 1er juillet.

et disposer pendant quelque temps d'une supériorité numérique marquée sur l'armée franco-bavaroise que des renforts ne peuvent atteindre qu'après une longue marche à travers la Forêt-Noire.

L'exécution de cette idée simple et juste a été poursuivie avec la volonté imperturbable du chef qui se sent supérieur à ses ennemis.

LA MARCHE DE MARLBOROUGH SUR LE DANUBE

(Voir croquis n° 9)

Il franchit la Meuse à Ruremonde le 12 mai, puis remonte le Rhin de Bonn à Coblentz où il passe sur la rive droite, tandis que les contingents allemands gagnent le rendez-vous qu'il leur a assigné à Philipsbourg. Avant d'arriver à Coblentz, il apprend d'une part que Villeroi a reçu l'ordre de le suivre avec 36 bataillons et 45 escadrons des meilleures troupes de l'armée des Pays-Bas, d'autre part, que l'Électeur de Bavière a été rejoint par un corps de 26 000 hommes venu d'Alsace. Cette dernière nouvelle était malheureusement inexacte, puisque Tallard devait revenir en arrière après avoir escorté les recrues de Marsin.

Marlborough prend alors les devants avec sa cavalerie, car une offensive de Villeroi sur les lignes de Stollhofen pourrait être extrêmement dangereuse; en même temps il obtient des États généraux l'envoi d'un nouveau renfort (21 escadrons et 7 bataillons).

Lorsqu'il atteint les environs de Philipsbourg le 6 juin, il est avisé que Villeroi sera le 10 auprès de Landau, et qu'il y fera sa jonction avec Tallard revenu de la Forêt-Noire. Franchir le Rhin et battre les forces françaises qui lui sont opposées serait évidemment le moyen le plus simple de gagner la campagne, et d'obtenir du même coup l'évacuation de la Bavière. Mais il est peu probable que l'adversaire offrirait l'occasion d'une rencontre; il préférerait sans doute manœuvrer autour de ses places, en attendant des circonstances plus favorables; en outre, une défaite serait désastreuse pour les alliés, qui ne possèdent aucune tête de pont sur la rive gauche du Rhin.

Le projet de Marlborough est tout autre; il ne change rien à ce qu'il avait conçu d'abord. Pour que les forces ennemies réunies à Landau sous Tallard et Villeroi et qui se montent à 58 000 hommes ([1]) ne puissent franchir le Rhin, il laisse en face d'elles le prince Eugène renforcé de 9 000 hommes, ce qui porte ses effectifs à 30 000 hommes.

Avec ce qui lui reste, il continue sa marche vers l'armée du prince de Bade, postée toujours aux environs d'Ulm. Il a fallu aux deux généraux Eugène et Marlborough beaucoup d'éloquence et de diplomatie pour décider les Pays-Bas à rester à moitié découverts, et le prince de Bade, toujours préoccupé de la sécurité de l'Empire, à ne laisser devant le principal groupement ennemi que des forces très inférieures.

« Ce qui me met le plus en peine, écrit Marlborough le 6 juin, est ce que Villeroi pourra faire dans la première quinzaine, puisque nous ne pourrons avoir le renfort qui vient de la Meuse avant ce temps-là. »

En effet, si Villeroi et Tallard prenaient une vigoureuse offensive contre les lignes de Buhl après le départ de Marlborough, ils pourraient remporter un succès et arrêter net la marche du général anglais. Toutefois, celui-ci reste à portée, pendant son trajet entre Philipsbourg et Ulm, de retourner au secours du prince Eugène en cas de besoin, puisqu'il va manœuvrer en lignes intérieures par rapport aux deux groupements d'Ulm et de Landau. D'ailleurs, au moment où il s'éloigne du Rhin, aucun mouvement ne lui est signalé du côté de Landau; sa marche sur le Danube s'exécute sans incidents et il effectue sa jonction avec le prince de Bade aux environs de Giengen le 23 juin. Les alliés disposent alors d'environ 77 bataillons et 140 escadrons contre l'armée franco-bavaroise forte d'environ 60 bataillons et 100 escadrons. Un premier grand résultat est atteint, puisque l'armée française la plus vulnérable et aussi la plus dangereuse se trouve en état flagrant d'infériorité sans qu'aucun secours puisse lui parvenir avant une quinzaine de jours.

Mais, avant d'aborder l'étude des opérations de Marlborough contre l'Électeur de Bavière et Marsin, il faut revenir en arrière,

---

([1]) 75 bataillons, 100 escadrons.

et voir ce qu'avaient fait les armées de Tallard et Villeroi pendant les mois de mai et juin.

Tallard, après s'être porté sur Villingen au commencement de mai avec la plus grande partie de ses forces pour conduire à l'armée de l'Électeur ses renforts, s'était, on s'en souvient, replié à l'ouest de la Forêt-Noire. Après avoir fait prendre à ses troupes huit jours de repos, et fait « herber sa cavalerie », il comptait entamer de nouvelles opérations soit en attaquant Fribourg, soit en surprenant le passage du Rhin pour aborder les lignes de Buhl à revers. Mais, sur ces entrefaites, il apprend le 23 mai la marche de Marlborough le long du Rhin, et aussitôt il ne songe plus qu'à sa mission de couvrir l'Alsace. Ainsi se manifestent déjà les inconvénients de la dualité de commandement voulue par Louis XIV. Un seul chef commandant les forces d'Alsace et de Bavière n'aurait affecté à la défense de sa ligne de communication que les forces strictement nécessaires, et aurait porté tout le reste à la rencontre de l'ennemi. Mais Tallard a les yeux fixés sur l'arrière, non sur l'avant, et il se porte non sur Ulm, mais sur Landau qu'il atteint au commencement de juin. Il y apprend que Marlborough vient d'atteindre le bas Neckar, qu'il reste 30 000 hommes dans les lignes de Buhl, et que les Hollandais ont fait un nouveau détachement de 10 000 hommes vers le sud. Autant de raisons pour lui de craindre une invasion de l'Alsace, dont le Roi lui a confié la garde. Quelques jours après, Tallard est rejoint aux environs de Landau par l'armée de Villeroi, sans que d'ailleurs l'un des maréchaux soit subordonné à l'autre à partir de ce moment.

On se rappelle en effet que Villeroi avait proposé de lui-même à Louis XIV de quitter les Pays-Bas espagnols avec une partie de ses forces, si Marlborough en faisait autant. Il voulait y laisser quarante-cinq à cinquante bataillons et trente-cinq à quarante escadrons, et il faisait observer fort ingénument au Roi que les forces qui resteraient en Flandre « seraient encore infiniment supérieures au delà de ce que les ennemis pourraient y avoir ». Le Roi « pour faire plus large mesure, et ne rien laisser au hasard » n'accorde à Villeroi que trente-huit bataillons et soixante escadrons.

C'est ainsi que s'est constituée, sous la pression de l'ennemi et avec une parcimonie regrettable, cette armée de réserve

dont on va suivre la lamentable odyssée au cours de la campagne de 1704.

Elle est à Luxembourg le 17 mai, quand Marlborough est à Mayence et Tallard à Strasbourg, et le 7 juin elle opère sa jonction à Landau avec l'armée d'Alsace. On espère ainsi avoir barré la route du royaume à Marlborough qui, pendant ce temps, s'esquive et se porte en Bavière.

LES PROJETS DE LOUIS XIV

(*Voir croquis n° 2*)

En résumé, à la date du 7 juin, la situation des deux partis est la suivante :

Aux environs de Stollhofen, l'armée du prince Eugène, forte d'environ 30 000 hommes, chargée de défendre le passage du Rhin ;

Aux environs d'Ulm, sur la rive gauche du Danube, l'armée du prince de Bade qui vient de ramener vivement en Bavière la partie du corps Marsin détachée au-devant de ses recrues ;

Enfin, près de Philipsbourg, l'armée de Marlborough qui se prépare à filer par le Wurtemberg pour se porter sur Ulm.

Du côté français deux groupements :

L'armée franco-bavaroise qui se reforme aux environs d'Ulm [1] et les deux corps de Tallard et Villeroi aux environs de Landau [2].

On peut estimer que l'ensemble des forces françaises susceptibles d'agir au delà du Rhin est d'environ 66 000 fantassins et 24 500 cavaliers ou 90 000 hommes. Sur ce total il serait sans doute possible d'en amener 70 000 sur le champ de bataille, en ne laissant à l'arrière que l'indispensable.

Mais il n'en va pas aussi simplement dans les armées de Louis XIV, et le problème militaire soulevé par le mouvement inattendu, on dirait presque « inconvenant » de Marlborough,

---

[1] 85 bataillons et 105 escadrons y compris les bataillons des places.

[2] Villeroi : 38 bataillons, 60 escadrons ;
Tallard : 35 bataillons, 40 escadrons ;
Détachement Coigny : 14 bataillons, 30 escadrons.

va être traité dans une série de notes, rapports et dépêches, comme n'importe quelle autre question administrative dont le grand Roi se réserve la direction. Du 7 au 23 juin, ce sera entre Versailles, Landau et l'armée de Bavière un échange incessant de communications, après lequel on se décidera à donner des

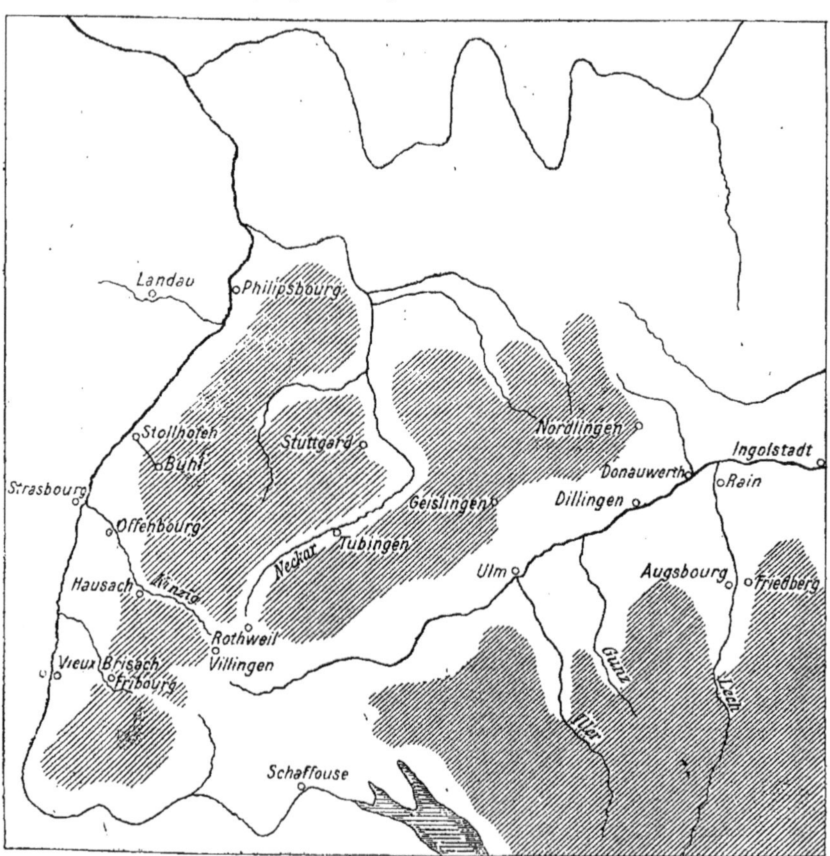

CROQUIS N° 2

ordres de marche. Quinze jours seront nécessaires pour aboutir à ce résultat, quinze jours pendant lesquels Marlborough aura pris l'avance dans ses opérations contre Marsin.

L'étude de la correspondance relative à cette période est suggestive parce qu'elle fait ressortir l'importance de la faute commise en laissant subsister des armées autonomes dont les chefs exagèrent immanquablement leur mission.

Tallard écrit à la date du 6 juin : « Tout ce qui se peut considérer pour le secours de M. de Bavière, quoique rendu difficile presque jusqu'à l'impossibilité par les forces considérables que les ennemis ont entre le Danube et le Rhin consiste en quatre points :

« Attaquer Mayence ;

« Tâcher de faire un pont sur le Rhin pour prendre les lignes de Stollhofen à revers ;

« Assiéger Fribourg ;

« Ou enfin faire passer un nouveau corps de troupe à M. de Bavière. »

Cette énumération se passe de commentaires.

Sans doute le Roi tient essentiellement à seconder les opérations de son armée du Danube, mais il voudrait y arriver par une diversion le long du Neckar jusque vers Stuttgard. On laisserait, dit-il, 7 000 à 8 000 hommes en Alsace sous Coigny ; les ennemis seront obligés de se diviser, et on ne risquerait pas trop. Mais l'exécution d'un pareil mouvement est évidemment beaucoup trop lente ; les maréchaux s'en rendent compte et proposent, la mort dans l'âme, de traverser la Forêt-Noire jusqu'à Villingen, et « si cette diversion-là ne rappelait pas les ennemis », de redescendre le Danube, après avoir fait un magasin à Villingen.

Louis XIV ne peut se décider à laisser l'Alsace ainsi dégarnie, pour le cas où les alliés renforceraient leur corps de Stollhofen, et pourtant Chamlay ne lui disait-il pas dans son mémoire du 18 mai : « Si le feu est au cœur de l'Empire, il n'y a nulle apparence que les ennemis, au lieu de s'y porter pour l'éteindre, prennent le parti d'entrer en Alsace pour y faire une diversion, et certainement si la plus considérable partie des forces de l'Empire était au milieu de la Champagne, je ne crois pas que le Roi fît passer ses armées en Allemagne pour y faire une diversion. »

Enfin, sur la proposition de l'Électeur de Bavière, et la marche de Marlborough sur le Danube étant connue d'une façon certaine, le Roi se décide pour une de ces solutions moyennes et médiocres qui ont sa prédilection.

L'armée de Tallard renforcée (40 bataillons, 50 escadrons, 26 000 hommes) se portera par la vallée de la Kinzig et Neuf-

Brisach, au delà de la Forêt-Noire jusqu'à Villingen qu'elle essaiera d'enlever.

Celle de Villeroi renforcée (40 bataillons, 70 escadrons, 20 000 hommes) se portera à Offenbourg, surveillant la direction de Buhl et installant à Hasslach, Hornberg, etc., de petites garnisons qui mettront ces postes à l'abri d'une insulte de la cavalerie ennemie.

Enfin Coigny, avec dix ou douze bataillons et autant d'escadrons, restera sur la rive gauche du Rhin.

En résumé, les derrières seront gardés par 35 000 hommes environ et on ne portera en avant que 26 000 ou 27 000 hommes. Et encore cette décision paraît-elle aux deux maréchaux un coup de désespoir, parce que la ligne de communication, au lieu d'être jalonnée par de véritables places fortes, comme dans les bonnes guerres de Flandre, ne le sera que par des postes de valeur très médiocre. Bien entendu, Tallard à Villingen, Villeroi à Offenbourg, ne devraient pas être fixés au sol, mais agir suivant les circonstances, le premier pour se porter au secours de Marsin d'après les nouvelles qu'il en recevra, le second pour observer la direction de Buhl pendant le passage de Marsin à travers les défilés, puis éviter de s'en laisser imposer par l'ennemi et ne pas maintenir inutilement tout son monde à l'ouest de la Forêt-Noire. C'était là un rôle délicat, fort au-dessus des capacités de Villeroi, et puis c'était laisser une fois de plus à l'ennemi l'initiative des décisions. Déjà il a fallu la menace impérieuse de la jonction de Marlborough avec le prince de Bade pour amener Louis XIV à pousser en avant le corps de Tallard ; ce sont encore les mouvements du prince Eugène qui dicteront la conduite de Villeroi. Au lieu de s'arrêter à Offenbourg juste assez pour donner le change à ses adversaires, puis se mettre à la suite de Tallard, il est recommandé au maréchal de rester sur la défensive, à moins que les ennemis, ne laissant que 5 000 à 6 000 hommes dans leurs lignes, ne se concentrent sur le Danube.

Avec de pareils procédés de guerre, on est toujours en retard sur les événements, et les chefs, condamnés à une attitude passive, en arrivent facilement à s'exagérer le danger. On a apprécié assez exactement du côté français les forces du prince Eugène, et c'est pourquoi on a laissé devant lui des effectifs supérieurs, malgré les représentations de Tallard qui voudrait se voir adjoindre cinquante escadrons de plus, enlevés à Villeroi. Mais par contre on suppose que Bade et Marlborough comptent ensemble cent dix bataillons et soixante-dix escadrons, alors que leurs forces s'élèvent en réalité à soixante-dix-sept bataillons et cent trente escadrons.

Quoi qu'il en soit, les deux maréchaux, après avoir achevé les préparatifs de leur grande expédition à l'est du Rhin, se mirent en mouvement le 28 juin, et se trouvaient le 6 juillet, l'un à Strasbourg, l'autre à Waldkirch. De là Tallard continue cette longue marche qui devait se terminer un mois plus tard, dans les premiers jours d'août, par sa jonction à Augsbourg avec l'Électeur de Bavière; pendant que le prince Eugène quittait lui-même les lignes de Buhl avec 18 000 hommes pour les conduire à Marlborough, et que Villeroi restait avec tout son monde en observation devant les faibles corps laissés par l'ennemi en face de lui.

L'étude de cette partie de la campagne ne pouvant être utilement entreprise qu'après avoir pris connaissance des événements survenus en Bavière pendant les derniers jours de juin et le mois de juillet, nous allons nous transporter de nouveau aux environs d'Ulm où Marlborough et l'Électeur se trouvaient face à face le 22 juin.

OPÉRATIONS DE MARLBOROUGH EN BAVIÈRE

(Voir croquis n° 2)

Comment Marlborough va-t-il utiliser la supériorité numérique qu'il s'est acquise grâce à sa longue marche de flanc, et qu'il va conserver pendant plus d'un mois?

Devant lui, les points de passage du Danube à Ulm, Lavingen, Donauwerth, Ingolstadt, sont en possession de l'ennemi. L'Électeur qui n'a rien entrepris pendant tout le mois de juin, occupé à se refaire et trop pauvre d'effectifs pour rien tenter de sérieux, est dans son camp de Lavingen avec 32 000 hommes, le reste, avec Marsin est à Ulm. Il semble que la préoccupation de Marlborough devrait être de surprendre le passage du Danube de façon à se placer entre l'armée franco-bavaroise et les renforts qui peuvent lui venir de la Forêt-Noire, et à les battre successivement. Mais des opérations de cette nature ne sont pas à la portée des armées peu manœuvrières du commencement du dix-huitième siècle, et supposent chez elles une articulation que l'état de l'armement ne permet pas encore.

La décision de Marlborough est toute différente. Il va chercher à passer le fleuve vers Donauwerth, de façon à rester en communication facile avec son magasin de Nordlingen, et à porter la guerre en Bavière pour obliger l'Électeur, en ravageant ses États, à abandonner le parti de la France, ce qui mettrait l'armée de Marsin hors d'état de tenir la campagne. Peu s'en fallut que ce plan ne réussît.

Après s'être assuré, le 26 juin, que le gros de l'armée adverse est encore au camp de Lavingen, il passe au nord des bois qui bordent la plaine du Danube entre ce point et Donauwerth, échappe ainsi à la surveillance de l'ennemi et vient se présenter le 3 juillet devant Donauwerth. C'est une place sans valeur, mais l'Électeur a eu le temps d'envoyer sur la position fortifiée du Schellenberg, qui en est la clef, dix-neuf bataillons et quatorze escadrons, soit environ 12 000 hommes, pendant que lui-même rappelle à Lavingen son détachement laissé à Ulm. Il est 6 heures du soir quand l'avant-garde de Marlborough atteint le pied du Schellenberg (¹).

Dans la journée, le général anglais a appris que Villeroi et Tallard sont à Strasbourg, se préparant à envoyer au secours de l'Électeur cinquante bataillons et soixante escadrons; en outre, sa reconnaissance personnelle lui a permis de constater, sur l'autre rive du Danube, la présence d'un camp de cavalerie qui fait présager l'arrivée prochaine de renforts. Malgré l'heure tardive, il décide d'attaquer immédiatement avec les troupes qu'il a sous la main, et au prix de très grosses pertes, grâce à une violente attaque de front à peine préparée par l'artillerie mais secondée par une attaque de flanc qui surprend l'ennemi, il emporte les retranchements après deux heures de lutte.

. Sur 12 000 hommes qui défendaient la position, 3 000 seule-

____

(¹) Voir pour les détails de cette affaire le *Hare's Journal*, récit du chapelain de Marlborough.

ment rejoignent l'armée de l'Électeur. Le reste est tué, pris, où se disperse. Car la désertion était alors la plaie des armées malheureuses. En revanche les pertes des troupes de Marlborough se montent à près de 6 000 hommes.

Le passage du Danube est forcé; l'Électeur qui s'était maintenu passivement à Lavingen, observé seulement par un détachement de cavalerie, marche sur Donauwerth, se rend compte qu'il est trop tard pour soutenir ce poste, le fait évacuer après avoir détruit le pont, et se retire sur Augsbourg où il se retranche.

On pourrait s'étonner que Marlborough, maître d'un passage sur le Danube, ne soit pas arrivé à couper l'Électeur de ses États; mais les manœuvres d'alors sont encore excessivement lourdes parce que l'infanterie n'a pas encore pris toute sa valeur et sa souplesse, et que la résistance d'un corps détaché est trop faible pour qu'on puisse l'éloigner du gros.

L'armement est à peu près le même que pendant les guerres du premier Empire; le fusil est meurtrier à 150 mètres, le canon à 600. La baïonnette vient d'être adoptée dans les armées européennes, mais on n'a pas encore tiré, tant s'en faut, de cette grande réforme toutes les conséquences qu'elle comporte. Non seulement elle augmente la puissance du feu de l'infanterie par la suppression des piquiers qui constituaient le cinquième de l'effectif, mais surtout elle lui donne le moyen de résister à la cavalerie, même si son feu n'a pas suffi à l'éloigner. Lorsque l'infanterie saura tirer parti de son nouvel armement par une organisation et des manœuvres appropriées, un détachement pourra utiliser la durée de résistance que lui donne le fusil, et se tenir à une certaine distance du gros malgré la cavalerie adverse. L'ensemble des forces aura acquis la souplesse que posséderont les armées de la République et de l'Empire.

En même temps, la cavalerie qui entrait pour une proportion d'un tiers dans le total des combattants verra son importance et son effectif diminuer. L'armée pourra être séparée en divisions ou corps, et prendre des formations répondant à toutes les combinaisons du chef.

Mais il faudra un siècle de guerres pour arriver à cette grande transformation de la tactique; en attendant cette évolution, les armées que nous étudions au commencement de la guerre de succession d'Espagne ont conservé la tactique du siècle précédent. Dès que les forces opposées sont dans le cas de se rencontrer, elles ne font plus de détachement d'infanterie, à moins que ce ne soit dans un village ou dans un retranchement, et se déplacent d'un bloc de façon à pouvoir prendre rapidement leur formation de combat. Pendant la nuit, elles s'installent dans un camp généralement retranché, faute d'avant-postes qui leur assurent le temps nécessaire pour prendre leurs dispositions de combat.

Cet ensemble de circonstances, mais surtout l'impossibilité d'articuler l'armée pour monter une manœuvre, entraînent une grande lourdeur dans les opérations; un corps même inférieur peut toujours éviter le combat parce qu'il ne risque pas d'être accroché par des détachements plus légers et marchant plus vite, mais en revanche il ne pourrait l'accepter sans être détruit; les mouvements des deux adversaires ressemblent un peu aux déplacements de deux tours qui se poursuivent sur un échiquier. En outre, l'obligation de rester groupés rend très difficile le ravitaillement sur le pays, surtout pour les masses de cavalerie que toute armée traîne avec elle (¹). On est donc dans la dépendance des magasins, dont on ne s'éloigne qu'avec une extrême prudence et au prix de grosses difficultés de ravitaillement et de charrois.

Pour toutes les raisons qu'on vient d'énumérer, les manœuvres que Marlborough va entreprendre en juillet contre l'Électeur nous paraissent simplistes ou même franchement déconcertantes.

Après avoir passé le Danube à Donauwerth, il franchit le Lech, et s'occupe au siège de Rain, qu'il enlève en quelques jours. Comme il espère fermement, une fois entré en Bavière, amener l'Électeur à composition en ravageant ses États, des détachements de cavalerie s'emploient avec la plus parfaite cruauté à mettre le pays à feu et à sang. Effectivement, l'Électeur est sur le point de céder; mais à l'annonce de l'approche de Tallard, il rompt les négociations entamées avec son adversaire, et reste enfermé et retranché auprès d'Augsbourg. Cependant son armée fond à vue d'œil, et se dissémine en détachements qui vont protéger contre les ravages de la cavalerie adverse, les villes de ses États, ou même ses propriétés particulières. Sur trente-cinq ba-

---

(¹) Il y aura sur le champ de bataille d'Hochstett plus de 40 000 cavaliers.

*

taillons et quarante-cinq escadrons que comptaient les troupes bavaroises, il ne reste auprès de Marsin que cinq bataillons et vingt-trois escadrons. La supériorité numérique de Marlborough s'en augmente d'autant et cependant il n'entreprend rien contre l'ennemi; mais posté en face de lui de l'autre côté du Lech, il recommence à ravager le pays tout en empêchant les franco-bavarois de tirer leurs subsistances de Bavière. D'ailleurs, lui-même éprouve de grandes difficultés de réapprovisionnement.

Le 13 juillet, le prince Eugène lui fait savoir que Tallard et Villeroi ont passé le Rhin à Kehl, et que l'un d'eux se porte certainement en Bavière. On suppose que les deux maréchaux disposent de 45 000 hommes, et qu'en outre 7 000 sont restés sur la rive gauche du Rhin (¹). L'annonce de ce gros événement ne change rien à sa détermination. Peut-être lui aurait-il été fort difficile de porter son armée entre les deux groupes ennemis, faute de pouvoir subsister loin de ses magasins, et d'ailleurs il compte toujours voir aboutir ses négociations reprises avec l'Électeur. En attendant, le prince Eugène reçoit sur sa demande un renfort de trente escadrons et décide, après entente avec Marlborough, de quitter les lignes de Buhl avec 18 000 hommes. Ce qu'il emmène est suffisant pour inquiéter la marche de Tallard, si ce dernier vient seul, insuffisant pour l'arrêter.

Rien donc ne s'opposera à la jonction des ennemis. Marlborough conservera certainement encore la supériorité numérique, à moins que Villeroi ne suive Tallard avec une partie de son monde, auquel cas l'effort de plusieurs mois de manœuvres serait perdu.

Le 23 juillet, il sait que Tallard assiège Villingen, observé par le prince Eugène; mais les mouvements de Villeroi lui sont encore inconnus. Enfin le 27 il apprend que Tallard, après avoir perdu six jours devant Villingen sans pouvoir l'enlever, s'est remis en marche et fera vraisemblablement sa jonction avec l'Électeur vers le 2 août; mais en même temps lui arrive la nouvelle stupéfiante et malheureusement vraie que Villeroi a fait un nouveau détachement d'environ 12 000 hommes vers les Flandres, qu'il ne lui en reste pas beaucoup plus de 20 000, et qu'il va se contenter

---

(¹) Lettre de Marlborough à M. d'Almelo.

d'une démonstration dans le Wurtemberg, « de sorte, écrit-il, que les vastes desseins des ennemis sur le Rhin sont abandonnés ». Il n'en éprouve pas moins de vives inquiétudes au sujet du point où leurs adversaires vont opérer leur jonction. En effet, s'ils se donnent rendez-vous à Ulm, ils pourraient intercepter la marche du prince Eugène et mettre Marlborough en fâcheuse posture.

Mais rien de semblable ne se produit. Sûr d'être rejoint par le prince Eugène, en même temps que l'Électeur sera rejoint par Tallard, il s'occupe des opérations ultérieures à entreprendre, et qui consistent........ à faire le siège d'Ingolstadt, puis d'Ulm, de façon à se rendre maître du cours du Danube.

Comment expliquer une semblable décision?

Il pourrait disposer au total d'environ 46 000 fantassins et 24 000 cavaliers, tandis que l'ennemi n'aura que 39 000 fantassins et 19 000 cavaliers; dans ces conditions, il est peu vraisemblable que ce dernier offre une occasion d'attaque; on va donc affecter aux opérations du siège un corps de 15 000 hommes environ, et le couvrir avec ce qui restera, de manière à s'assurer plusieurs passages sur le Danube pour la suite des opérations. En réalité, les événements lui donneront tort, puisque les troupes destinées au siège seront en partie absentes le jour de la bataille d'Hochstett.

Toute cette stratégie, qu'elle s'explique par la simplicité forcée des manœuvres d'alors ou par l'absence de grandes conceptions chez Marlborough, paraît aujourd'hui d'un art inférieur. En revanche, on peut admirer sans réserves la décision avec laquelle il a dégarni les abords du Rhin, malgré les représentations de ses alliés allemands qui voudraient, à l'exemple des Français, laisser une armée entière à l'entrée du Wurtemberg pour empêcher les incursions possibles de Villeroi. Ne laissant qu'une dizaine de mille hommes dans les lignes de Buhl, quelques bataillons à Villingen et Rothweil, il s'est réservé la possibilité de concentrer en vue d'une rencontre toutes les troupes disponibles entre Rhin et Danube, en face d'un adversaire qui immobilisait 25 000 hommes sur sa ligne de communication. Mais d'un autre côté, il n'a pas su faire entièrement usage de sa supériorité numérique, puisqu'il l'a dissipée, au moment décisif, pour faire le siège d'une place forte.

Quoi qu'il en soit, le 5 août, Tallard faisait sans opposition sa jonction près d'Augsbourg avec l'armée de l'Électeur, en même temps que le prince Eugène arrivait à Donauwerth, séparé encore par le Danube de Marlborough immuable dans son camp de Friedberg.

Avant d'examiner les manœuvres des deux adversaires après leur réunion, il nous faut jeter un coup d'œil sur les opérations respectives des corps de renfort français et impériaux.

JONCTION DE TALLARD AVEC MARSIN
ET D'EUGÈNE AVEC MARLBOROUGH

(Voir croquis n° 2)

Tallard, parti de Kehl le 3 juillet, avait une vingtaine de lieues à parcourir, en remontant la vallée de la Kinzig, pour atteindre le débouché de la Forêt-Noire. Il devait être rejoint en route par un convoi considérable parti de Neuf-Brisach. Il lui fallait, pour être maître de sa ligne de communication, emporter la petite place forte de Villingen qu'on avait laissée depuis l'ouverture des opérations entre les mains de l'ennemi; mais Villingen attaquée pendant quatre jours résista mieux qu'on ne s'y attendait; d'autres retards survinrent du fait de l'énorme convoi de 20 kilomètres que Tallard traînait avec lui. Sur ces entrefaites, il apprit le 15 que le prince Eugène avait quitté les lignes de Buhl avec trente bataillons et soixante escadrons, laissant en arrière vingt-deux bataillons et un peu de cavalerie, et qu'il s'avançait par le haut Neckar sur le haut Danube ; le lendemain, lui parvenait la nouvelle de l'affaire de Schellenberg. Il devenait tout à fait urgent de porter secours à Marsin, sans se laisser devancer par le prince Eugène, d'autant plus qu'on pouvait craindre la défection de l'Électeur. C'était le cas de réunir toutes les forces disponibles de Tallard et Villeroi pour les porter immédiatement en avant, malgré les inconvénients réels qu'il y avait à laisser sur ses derrières une petite place menaçante pour la ligne de communication. On pouvait tout au moins emmener la plus grande partie des soixante-dix escadrons de Villeroi qui auraient été si utiles sur le champ de bataille d'Hochstett. Si cette mesure ne fut pas prise, il faut l'attribuer uniquement à l'organisation vicieuse du commandement dans les armées de Louis XIV. Comme on le verra plus tard, faute d'unité de direction, pas un homme du corps de Villeroi ne se porta sur le Danube, et tandis que Tallard, sûr de la marche du prince Eugène, n'hésitait pas à se porter en avant, Villeroi trouvait dans des renseignements forcément contradictoires les meilleures raisons de rester en place. Pas un instant il ne comprit que la meilleure façon de protéger la ligne de communication et d'entraîner à sa suite les forces ennemies laissées sur le Rhin était de marcher avec le gros de ses troupes sur la Bavière.

On peut facilement imaginer l'état d'esprit de Tallard, très mal relié à l'armée franco-bavaroise, craignant d'être écrasé à la sortie de la Forêt-Noire par les forces réunies d'Eugène et de Marlborough; aussi toute son ambition se borne à opérer sa jonction avec Marsin. Mieux inspirés et mieux renseignés, les deux généraux français auraient pu se donner rendez-vous à Ulm, et y être rendus assez à temps pour intercepter la marche du prince Eugène. Ils pouvaient de là atteindre la ligne de communication de Marlborough, et l'obliger soit à évacuer la Bavière, soit à livrer bataille dans des conditions désavantageuses.

Il n'en fut rien. Malgré la nouvelle qui lui parvint le 30 juillet, près d'Ulm, qu'Eugène débouchait à peine de la région montagneuse, Tallard maintint son rendez-vous d'Augsbourg. Il y arriva le 3 août, apportant à l'Électeur de Bavière un renfort de 22 000 hommes (¹) suffisant pour tenir tête à Marlborough qui se trouvait avoir momentanément perdu, en s'obstinant à Friedberg, le fruit de ses opérations précédentes.

Le prince Eugène, de son côté, avait reçu pour mission d'inquiéter la marche de Tallard et de la retarder le plus possible, sans lui laisser prendre les devants. Il réussit non seulement à tenir ce rôle, mais encore à immobiliser toutes les forces de Villeroi. Après être descendu jusqu'à Villingen où il arrivait le 17 juillet, deux jours après le départ de Tallard, il laissait à Rothweil huit bataillons et quatorze escadrons pour couvrir l'entrée de Wurtemberg contre les entreprises de Villeroi, et se hâtait, avec ses 18 000 hommes, de regagner l'avance prise par Tallard; descendant le Neckar jusqu'à Tubingen, puis de là

(¹) 36 bataillons et 44 escadrons par suite des déchets subis pendant la marche.

rejoignant le Danube par Geislingen, il était à Hochstett le 5 août, au moment où Tallard et Marsin se réunissaient à Augsbourg.

Mais que faisait pendant ce temps le fameux corps de réserve de Villeroi prélevé, on sait avec quelle parcimonie, sur l'armée de Flandre, et amené, après d'incroyables hésitations, d'Alsace sur la rive droite du Rhin? Dès le 13 juillet, Villeroi, dont le gros est à Offenbourg, apprend la mise en marche du prince Eugène avec un fort détachement. Mais toujours uniquement préoccupé de sa mission de couvrir les derrières, il ne songe qu'à aller « reconnaître » les lignes de Buhl. Sur ces entrefaites, Louis XIV, informé que Namur est menacé d'un bombardement, envoie le 20 juillet à Villeroi l'ordre d'acheminer vers les Flandres douze bataillons et dix escadrons. Une semblable hérésie militaire est déconcertante. En vérité, il s'agissait bien alors de Namur! C'est que du côté français, ni le Roi, ni les maréchaux de son choix ne songent à prendre réellement l'offensive en Allemagne, et que personne ne suppose davantage à l'ennemi l'intention de la prendre. A mesure que s'accéntue chez les Français la conviction que leurs adversaires opèrent une concentration sur le Danube, ils imaginent une série de manœuvres qui, toutes, ont pour objectif de retenir le plus d'ennemis possible sur le Rhin. Après n'avoir pas su ou osé préparer l'attaque en Bavière, c'est à contre-cœur qu'ils y engagent successivement leurs forces, en se laissant devancer chaque fois par l'adversaire.

Cependant, le Roi, informé de la marche du prince Eugène, avait prescrit à Villeroi, dont il venait de réduire les forces à 23 000 hommes, de se porter à son tour vers Villingen, et de se concerter pour la suite des opérations avec Tallard et Marsin. Villeroi n'en croit rien; il se persuade que son adversaire est toujours devant lui; le 26 juillet des nouvelles certaines lui parviennent de la présence d'Eugène aux environs de Villingen. Ce mouvement lui paraît une simple manœuvre pour secourir cette bicoque, vers laquelle il se contente de porter deux bataillons.

Là ne devaient pas s'arrêter les incohérences. Lorsque Villeroi, sentant la nécessité de tenter quelque chose, propose enfin d'employer ses forces à s'emparer de Villingen et Rothweil, ce qui eût au moins assuré la ligne de retraite, Louis XIV à son tour lui prescrit d'attaquer les lignes de Buhl, dans l'espoir d'y retenir les forces du prince Eugène.

Ainsi, pendant que l'armée française se faisait écraser à Hoch-stett, une partie du corps de Villeroi était en route pour les Flandres, l'autre faisait une démonstration devant des retranchements. Mieux employés, ces 28 000 hommes pouvaient assurer la supériorité numérique à l'armée française sur le champ de bataille. Jamais l'ingérence du chef de l'État dans les opérations militaires, ingérence dont notre pays a ressenti bien souvent les effets désastreux, n'a été plus maladroite et plus néfaste.

PRÉLIMINAIRES DE LA BATAILLE D'HOCHSTETT

Il nous reste à conclure, en rappelant les événements survenus sur le Danube, c'est-à-dire le choc entre ces deux armées dont l'une a été concentrée par la volonté tenace de son chef, dont l'autre s'est constituée sous la pression des événements, et sous la conduite de maréchaux qui ont l'impression de courir une aventure. Malheureusement, dès le commencement d'août, l'issue du duel n'est pas douteuse. Bien que les forces réunies de Tallard et de Marsin soient encore intactes, le moral des chefs est atteint; d'ailleurs ils n'ont pas le goût de l'offensive ni la volonté de battre l'adversaire; la campagne est à peine commencée, et ils se préoccupent déjà des prochains quartiers d'hiver. Les interminables guerres de Flandre les ont habitués aux luttes indécises et aux manœuvres sans grande effusion de sang. Aujourd'hui la guerre en rase campagne les déconcerte. Privés de l'appui de leurs places fortes, ils ont l'air de marcher à tâtons; en outre, l'habitude des continuels échanges de notes avec Versailles leur a fait perdre toute aptitude aux décisions promptes et aux initiatives vigoureuses.

L'armée franco-bavaroise ne comptait, après sa réunion à Augsbourg, qu'environ 39 000 fantassins et 19 000 cavaliers [1],

---

[1]

Tallard	36 bataillons,	44 escadrons
Marsin	42 —	83 —
Bavière	3 —	23 —
	81 —	150 —

défalcation faite des bataillons laissés dans les places. En effet, les troupes bavaroises avaient été, on se le rappelle, éparpillées sur leur territoire à la suite de l'invasion alliée. L'Électeur comptait, il est vrai, pouvoir faire rejoindre rapidement 8 000 à 9 000 hommes. Mais en réalité les événements l'en empêchèrent.

Deux partis s'offraient aux Français :

Traverser le Lech et marcher à l'ennemi ;

Ou passer le Danube et se porter sur la Wernitz, entre les alliés et leur magasin de Nordlingen.

Le premier avait l'avantage de permettre une concentration plus rapide de l'armée bavaroise et d'imposer à l'ennemi l'évacuation de la Bavière à laquelle il aurait dû se résoudre pour opérer sa jonction avec le prince Eugène.

Le second, entrepris plus tôt, eût sans doute empêché la réunion des deux généraux alliés ; mais il était maintenant trop tard puisque le premier avait déjà atteint Donauwerth à la date du 6. Ce n'était plus qu'une « manœuvre », sans volonté de livrer bataille, manœuvre d'autant plus regrettable qu'elle fut exécutée avant la jonction des détachements bavarois.

Partis d'Augsbourg le 6 août, les Français remontent au nord, sans tenter de surprendre le passage du Lech au-dessus de Marlborough pour le séparer d'Eugène ; ils vont passer le Danube à Lavingen, puis de là marchent sur Dillingen, et s'arrêtent derrière le ruisseau du Nebel, entre Blenheim et Lutzingen, en contact avec le détachement du prince Eugène installé derrière la Kessel. Les avis étaient partagés dans le camp français sur la conduite à tenir. L'Électeur voulait attaquer ; Tallard et Marsin hésitaient, impressionnés par des rapports de déserteurs affirmant que le prince de Bade, précédemment détaché au siège d'Ingolstadt, venait de rejoindre le gros des alliés. Ils étaient d'ailleurs fort mal éclairés, ce qui arrive trop souvent dans les armées françaises, et n'avaient détaché sur la rive gauche du ruisseau que quelques escadrons, destinés à être refoulés de bonne heure par la cavalerie de l'adversaire. Ils n'occupaient aucun village en avant de leur front et n'avaient même pas couvert leur camp de retranchements qui leur auraient assuré en cas d'attaque le temps de prendre leurs dispositions de combat.

Ainsi, dans la matinée du 11 août, l'armée française était occupée à faire boire ses chevaux et à fourrager (comme le matin de Rezonville), lorsque, le brouillard qui lui cachait la plaine s'étant dissipé, elle aperçut l'armée alliée sur plusieurs colonnes, qui se portait à l'attaque de ses positions.

Marlborough, que nous avons laissé dans son camp de Friedberg le 7 août, au moment de la jonction de Tallard avec Marsin de l'autre côté du Lech, s'était hâté de décamper pour se rapprocher du Danube et du prince Eugène. Son intention était de l'appeler à lui si les Français passaient le Lech, et au contraire de le rejoindre si ceux-ci se portaient sur la rive gauche du Danube. Il sut manœuvrer assez bien pour n'être pas devancé par ses adversaires.

Dès que le prince Eugène eut constaté le passage de l'Électeur à Lavingen, il se mit en retraite pour s'installer sur le Schellenberg, ne laissant sur la Kessel qu'une arrière-garde de dragons. Dans la nuit du 9 au 10, Marlborough lui avait expédié une avant-garde de vingt bataillons pour l'aider à tenir en cas d'attaque les retranchements de Schellenberg; et passant lui-même le Danube dans la journée, sur deux colonnes, aux environs de Donauwerth, il opérait sa jonction à 6 heures du soir avec les Impériaux qui, les Français ne bougeant pas, s'étaient reportés sur la Kessel.

La journée du 11 fut employée à quelques escarmouches de cavalerie et à une reconnaissance de la position ennemie exécutée par les deux généraux alliés du haut du clocher de Dapfheim. Leur armée était couverte en avant de la Kessel par deux forts avant-postes à Dapfheim au sud, et le long des bois au nord. Mais pendant la nuit, le premier fut seul maintenu parce que, retranché dans un village, il pouvait attendre en cas d'attaque le secours du gros. Enfin, comme l'ennemi qu'on avait cru disposé tout d'abord à prendre l'offensive ne faisait aucun mouvement, il fut décidé qu'on l'attaquerait le 12.

Les alliés comptaient environ 60 000 hommes, dont 38 000 fantassins et 22 000 cavaliers ([1]).

Mais la lecture des événements qui vont suivre supposant la

([1]) Eugène . . . .   18 bataillons, 60 escadrons
       Marlborough   48   —   113   —
       Bade   23   —   31   —   (pour mémoire).
Une brigade seulement du prince de Bade, destinée au siège d'Ingolstadt, rejoignit pour la bataille d'Hochstett.

connaissance des conditions du combat d'alors, nous allons les résumer ici; on verra qu'elles sont exactement adaptées aux conditions d'armement et d'organisation définies précédemment.

Lorsque les armées se trouvaient à proximité de l'ennemi, elles étaient, comme on l'a vu, dans l'obligation de rester complètement rassemblées. Leur formation pouvait donc être facilement reconnue par l'adversaire. Celui des deux partis qui se décidait pour l'offensive prenait ses dispositions d'avance, d'après celles qu'il avait constatées chez l'ennemi. Le combat de reconnaissance était donc inutile.

A cette époque, l'armée se déploie en général sur deux lignes; chaque ligne est composée d'infanterie et de cavalerie. Les deux armes sont intimement liées dans l'ordre de bataille parce que l'infanterie, dont la tactique n'est pas encore adaptée à l'emploi récent de la baïonnette, ne peut venir à bout d'une charge de cavalerie. C'est donc la cavalerie qui produit le choc après que l'infanterie a agi par son feu. Le rôle de la première ne diminuera que le jour où la deuxième saura, par des formations appropriées, lui opposer ses baïonnettes.

Lorsque les premières lignes se sont approchées à quelques centaines de mètres, hors de portée du fusil, elles ne peuvent plus manœuvrer, sous peine d'être culbutées par une charge de l'adversaire, et elles restent sous la canonnade jusqu'au moment de s'aborder.

Il n'y a pas, à proprement parler, de réserve. Ou plutôt, la réserve, constituée par l'infanterie de la deuxième ligne et par la cavalerie, est déployée à l'avance. On s'apercevra, d'ailleurs bientôt, lorsque le front des engagements augmentera avec les effectifs en présence, que son éparpillement prématuré offre des inconvénients. La séparation du commandement entre deux ou plusieurs chefs qui se répartissent le front et s'entendent rarement pour se passer des renforts, augmente encore les inconvénients d'un pareil dispositif.

Il faut, naturellement, user, avant l'attaque finale, les troupes disponibles de la deuxième ligne adverse. Ce rôle est dévolu à une première attaque, fortement organisée, qui renouvelle ses efforts jusqu'à ce que la situation paraisse mûre, et que la fraction de la ligne non encore engagée puisse entamer à son tour le choc décisif.

Toute cette tactique encore usitée en 1704, est donc en retard sur l'armement nouveau, et l'on peut observer dans les dernières grandes batailles de la guerre de succession d'Espagne, des manœuvres beaucoup moins simplistes qu'à la journée d'Hochstett. A Malplaquet, par exemple, c'est une grande batterie centrale qui mène la lutte d'usure sur le front, tandis que l'attaque principale se développe sur une aile en la débordant.

BATAILLE D'HOCHSTETT

(Voir la planche)

Le matin du 12 août, l'armée alliée se portait à l'attaque de la position française par une marche d'approche en neuf colonnes entre le Danube et les bois qui en bordent la vallée à une petite lieue au nord.

L'aile droite, sous le prince Eugène, formait deux colonnes d'infanterie à droite, dans les bois, et deux colonnes de cavalerie en plaine, son artillerie derrière la droite.

L'aile gauche, sous Marlborough, formait quatre colonnes, l'artillerie marchant sur la route. Une neuvième colonne, comprenant vingt bataillons et quatorze escadrons, était chargée de l'attaque du village de Blenheim.

Lorsque le brouillard qui couvrait la vallée pendant les premières heures de la matinée s'est dissipé, les Français, apercevant la marche des alliés, sonnent l'alerte, rappellent leurs détachements de fourrageurs, mettent le feu aux villages de Berghausen, Weilheim et Unterglau, qui auraient pu favoriser l'approche de l'ennemi, et prennent la formation de combat indiquée sur le croquis n° 3.

Elle présente cette particularité que de gros effectifs (vingt-six bataillons et douze escadrons) sont accumulés dans le village de Blenheim, et que le centre, entre Blenheim et Oberglau, ne comprend que deux faibles brigades d'infanterie et quatre-vingts escadrons. Cette disposition pourrait se comprendre à la rigueur si le défenseur avait l'intention de procéder, à l'aide des réserves placées derrière les villages et dissimulées aux vues, à de vigoureuses contre-attaques contre tout ce qui viendrait à déboucher du ruisseau. Mais aucune idée nette de ce genre ne se fit jour au cours de l'engagement. Il y avait à Oberglau quatorze bataillons, puis la cavalerie de Marsin, enfin, en avant de Lutzingen, le reste de l'infanterie. L'artillerie était répartie entre les villages de Blenheim, Oberglau, Lutzingen, de façon à en battre les abords et en flanquer les intervalles. Il y en avait aussi sur la hauteur centrale.

En avant de la position française courait un ruisseau large en certains endroits de 12 pieds, à bords marécageux.

A 8 heures du matin, les troupes de Marlborough avaient pris leur formation à portée de canon, mais la marche de l'infanterie du prince Eugène avait été tellement retardée par la traversée des bois qu'elle ne put commencer l'attaque avant 12ʰ 30. C'était une belle occasion offerte aux maréchaux français de s'en prendre à l'aile gauche des alliés avant que l'aile droite pût entrer en ligne.

A 12ʰ 30, commencent devant Blenheim de violentes attaques anglaises qui sont repoussées. Celles dirigées sur Oberglau n'ont pas plus de succès. En même temps, le prince Eugène échoue dans trois attaques successives autour de Lutzingen. D'ailleurs, aucun mouvement débordant n'est tenté par les alliés qui, encouragés par la passivité de leur ennemi, renouvellent leurs tentatives sur le front. Pendant ce temps, Marlborough faisait passer son centre — infanterie et cavalerie — au prix de grosses difficultés, au delà du ruisseau marécageux entre Blenheim et Oberglau. Chose inouïe, la ligne de cavalerie française qui lui était opposée s'y prit trop tard pour faire échec à sa tentative, faute d'initiative des sous-ordres. Lorsque le maréchal Tallard, qui avait quitté momentanément son poste de commandement pour aller s'entendre avec Marsin, revint au centre, le moment d'agir était passé. La cavalerie alliée, aidée d'une partie de son infanterie, supporta le choc de la cavalerie française, et d'une contre-attaque partie d'Oberglau. Pendant ce temps, les bataillons entassés à Blenheim ne faisaient rien, par suite de l'inertie de celui qui les commandait.

Enfin, à 5 heures du soir, Marlborough ayant tout son monde en main commande une grande charge de cavalerie au centre, culbute la cavalerie française et l'infanterie insuffisante qui la soutient, en jette une partie dans le Danube, et prend à revers les défenseurs de Blenheim qui sont obligés de mettre bas les armes.

Le maréchal Tallard, voyant la déroute du centre, songe enfin aux troupes intactes inutilement laissées sur sa droite; en voulant aller les rejoindre, il est fait prisonnier.

C'était pour les armées françaises un désastre sans précédent et une humiliation profonde; 12 000 hommes avaient été faits prisonniers, abandonnés par leur chef Clérambault. Marlborough et Eugène ramassaient, en outre, une centaine de canons, 24 mortiers, 129 drapeaux et tout le camp. Les alliés avaient perdu 4 500 tués et 7 500 blessés.

Mais les Français, obligés d'entamer après leur défaite une longue retraite jusque sur le Rhin, à travers les défilés de la Forêt-Noire, abandonnant malades et traînards, firent des pertes bien plus considérables. Il leur manquait 40 000 hommes quand ils purent se regrouper autour de Landau sous la protection du corps de Villeroi. L'infanterie de Tallard était détruite ou prise, sa cavalerie ruinée, les troupes de Marsin démoralisées par leur pénible retraite.

Les alliés purent donc s'avancer sans obstacle jusqu'au Rhin qu'ils franchirent à Philipsbourg, et s'emparèrent de Landau. Une seule bataille gagnée les rendait maîtres de la rive droite du Rhin, et leur permettait de prendre pied sur la rive gauche.

La campagne se termina par quelques passes de vieille escrime, puis chacun prit ses quartiers d'hiver, non sans que Louis XIV vînt donner une nouvelle preuve de ses capacités militaires en faisant sur l'armée de Villeroi un deuxième prélèvement de 20 000 hommes qui retournèrent en Flandre.

OBSERVATIONS

1º La victoire de nos adversaires à Hochstett, c'est le triomphe de l'offensive, et la condamnation du système de commandement de Louis XIV. On ne trouve pas dans les opérations des généraux alliés de combinaisons géniales, mais déjà l'art d'amener sur le terrain de l'engagement des forces supérieures à celles de l'adversaire, et surtout la volonté de profiter de toutes les bonnes occasions offertes par l'ennemi. Aussi, à force de chercher les points faibles en attaquant partout, ils ont fini par en trouver un et par enfoncer toute la ligne française. Les acteurs malheureux de ce drame militaire ont invoqué pour leur excuse mille circonstances défavorables, depuis la maladie des chevaux de Tallard, qui l'avait empêché de fusionner complètement son armée avec celle de Marsin, jusqu'au brouillard qui leur avait caché pendant la matinée l'approche des colonnes ennemies, ou au soleil qui, dans les dernières heures de la bataille, aveuglait les défenseurs. Ils n'ont pas mentionné, parce qu'elle n'est jamais une excuse, leur passivité absolue en présence d'un adversaire entreprenant;

2° L'étude d'une campagne de cette grande guerre survenue après une longue et brillante période militaire, nous a permis de constater dans notre armée bien des causes de faiblesse. Mais ne sont-elles pas, pour la plupart, inhérentes à notre race? Ce Tallard, ce Villeroi, auxquels nous devons les pénibles souvenirs d'Hochstett et de Ramillies ne sont-ils pas les proches parents de certains généraux de 1870, fervents adeptes de la guerre de position, se bornant à repousser les assauts de l'ennemi sans jamais se porter franchement en avant, et bousculés en fin de compte par un adversaire tenace?

Sans doute, le roi Louis XIV a compromis toute la campagne par son système de commandement et par une crainte misérable de découvrir les frontières de son royaume. C'est son ingérence continuelle dans la conduite des opérations qui a le plus contribué à la destruction de son armée. Mais, si nous avons changé de maître, l'opinion publique aurait-elle à l'avenir une influence moins tyrannique et moins dangereuse sur les décisions militaires? C'est une question qu'on ne peut se poser sans inquiétude;

3° Les événements de la campagne de 1704 sont déjà recouverts de deux siècles d'oubli, et l'art militaire a fait dans cet intervalle des progrès considérables; mais l'homme est resté le même, et les faiblesses de caractère des maréchaux de Louis XIV n'ont probablement pas disparu; l'on constate encore chez les pusillanimes ou les fatigués, l'engouement pour la « vieille escrime ». Ces chefs militaires français que nous avons vu reculer devant la bataille, lui préférer les démonstrations et les feintes, et ne se résoudre que sous la contrainte des événements à marcher au-devant de l'ennemi, ces chefs-là n'auraient-ils pas encore des descendants parmi nous?

Sous prétexte qu'aujourd'hui le feu a pris une puissance extrême, on voit encore aux manœuvres certains officiers de tout grade éviter l'attaque directe, et chercher à vaincre par la seule puissance de la manœuvre.

La campagne de 1704 est un exemple frappant de l'ascendant qu'un chef peut acquérir sur son ennemi, avec des moyens équivalents, par la supériorité de sa volonté. Marlborough y applique heureusement le principe de l'économie des forces. Mais on peut voir par les hésitations de Louis XIV et ses maréchaux, ce qu'il faut de ténacité pour y obéir malgré les manœuvres de l'adversaire.

Ainsi, en dépit des modifications de la tactique, les grands principes directeurs de la guerre n'ont pas changé; ils s'appellent offensive, économie des forces, ténacité, initiative, liaison des armes. Il n'en faut pas moins constater qu'il a fallu un siècle, une révolution et un homme de génie pour amener la tactique au point qu'elle était susceptible d'atteindre avec l'armement d'autrefois. Depuis lors, le feu de l'artillerie et de l'infanterie a augmenté démesurément d'intensité; les effectifs des armées se sont enflés dans des proportions analogues; enfin, des outils nouveaux ont été mis à leur disposition, principalement le chemin de fer et le télégraphe. Il serait difficile de dire si l'art militaire sait déjà tirer tout le parti possible de l'organisation et des engins dont il peut jouer; il y a là un champ bien vaste ouvert à l'activité des officiers qui n'ont pas la chance de faire campagne. Car l'armée qui aura su le mieux s'adapter aux conditions nouvelles par sa préparation et ses études du temps de paix en retirera des avantages incalculables à la guerre.

———o———

Nancy, impr. Berger-Levrault et Cie

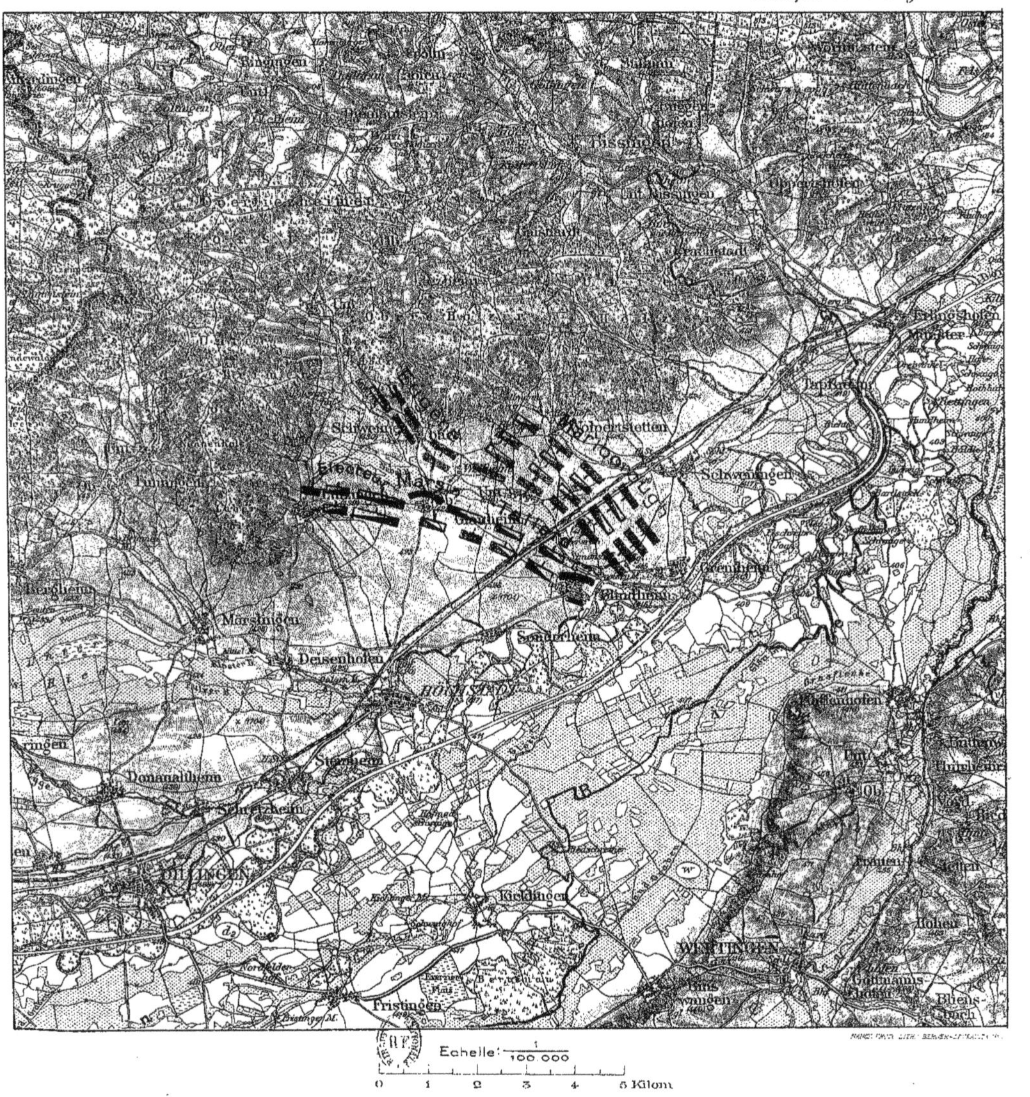

Tactique et Stratégie 1704
Oberringingen
Ringingen
Staffhausen
Tissingen
Bissingen
Wissingen
Fronhofen
Wolpertstetten
Bergheim
Tapfheim
Marsingen
Schwenningen
Deisenhofen
Greenheim
Sonderheim
HÖCHSTADT
Hausen
Staufen
Donanaltheim
Kieldingen
DILLINGEN
WERTINGEN
Holen
Fristingen
Echelle: 1 / 100 000
0   1   2   3   4   5 Kilom

www.ingramcontent.com/pod-product-compliance
Ingram Content Group UK Ltd.
Pitfield, Milton Keynes, MK11 3LW, UK
UKHW021648090726
13657UKWH00004B/1826

9 782019 932732